LUCAS ZANGA

JÉSUS-CHRIST EST LA SOLUTION ESSENTIELLE POUR L'HUMANITÉ

LUCAS ZANGA

JÉSUS-CHRIST EST LA SOLUTION ESSENTIELLE POUR L'HUMANITÉ

Éditions Croix du Salut

Imprint
Any brand names and product names mentioned in this book are subject to trademark, brand or patent protection and are trademarks or registered trademarks of their respective holders. The use of brand names, product names, common names, trade names, product descriptions etc. even without a particular marking in this work is in no way to be construed to mean that such names may be regarded as unrestricted in respect of trademark and brand protection legislation and could thus be used by anyone.

Cover image: www.ingimage.com

Publisher:
Éditions Croix du Salut
is a trademark of
Dodo Books Indian Ocean Ltd. and OmniScriptum S.R.L publishing group

120 High Road, East Finchley, London, N2 9ED, United Kingdom
Str. Armeneasca 28/1, office 1, Chisinau MD-2012, Republic of Moldova, Europe
Managing Directors: Ieva Konstantinova, Victoria Ursu
info@omniscriptum.com

Printed at: see last page
ISBN: 978-620-6-16801-0

Table des matières

Introduction

« Cieux, soyez étonnés de cela ; Frémissez d'épouvante et d'horreur ! dit l'Eternel, car mon peuple a commis un double péché : Ils m'ont abandonné, moi qui suis une source d'eau vive, Pour se creuser des citernes, des citernes crevassées, Qui ne retiennent pas l'eau » Jérémie 2 :13.

Dans un monde de plus en plus troublé, où les incertitudes et les angoisses semblent palpables, il est crucial de se tourner vers une réponse durable.

Jérémie 2 :13 nous rappelle que *« mon peuple a commis un double péché »*.

Cette déclaration profonde révèle notre tendance humaine à délaisser Dieu, la source d'eau vive, pour des alternatives vouées à l'échec. Les organisations mondiales et les solutions éphémères ressemblent à des citernes fissurées qui ne retiennent pas l'eau. Dans ce contexte, Jésus-Christ se démarque comme la seule solution aux tourments auxquels l'humanité fait face.

CHAPITRE I. QUEL SUCCES SANS JESUS-CHRIST POUR L'HUMANITE ?

Jean 15 :5 déclare : *« sans moi, vous ne pouvez rien faire »*.

 Voilà une vérité qui s'applique à chaque aspect de notre vie. En cherchant désespérément des réponses dans des méthodes peu fiables dans la drogue, l'occultisme, ou même dans des sociétés secrètes, nous nous éloignons de notre véritable soutien. L'histoire d'Israël, qui a abandonné son Dieu au profit de faux dieux, illustre cette dynamique tragique. En conséquence, ils se sont retrouvés coincés dans un cycle de souffrance et de désespoir, témoignant de l'importance de garder la foi en Jésus-Christ.

Aujourd'hui, bon nombre de nos contemporains suivent le même chemin. Remplacer Dieu par des solutions humaines, souvent illusoires, ne mène qu'à une perte de sens. Les vérités bibliques, bien que souvent négligées, montrent que les véritables solutions viennent uniquement de Jésus-Christ. Il est essentiel d'inviter les gens à revenir à lui pour puiser aux sources de joie et d'espérance qui ne tarissent jamais.

a). Déception et trahison

La quête de gloire et de richesse par des voies non divines n'engendre qu'une sécheresse spirituelle. La société moderne vibre au rythme de promesses fallacieuses venant de pratiques ésotériques et de doctrines trompeuses. Les vérités universelles sur lesquelles nous devrions nous appuyer sont souvent remplacées par des séductions passagères qui ne font qu'envenimer nos désirs.

Chaque jour, le chaos grandissant autour de nous tient nos âmes en état de peur perpétuelle. Les conséquences de nos choix sont dévastatrices, tant sur un plan individuel que collectif. Les crises humanitaires, les conflits, et les catastrophes naturelles ne sont que des manifestations de notre déviation de la voie divine. C'est pourquoi il est impératif de reconnaître que toute solution en dehors de Jésus-Christ est une illusion. Nous devons revenir à la source véritable, celui qui peut guérir notre terre et apaiser nos cœurs.

b). *L'incapacité de la mondialisation*

La promesse d'une mondialisation harmonieuse a été accueillie avec enthousiasme. Cependant, elle a révélé ses limites, exacerbant les inégalités et le sous-développement. Les politiques mises en place, loin d'unir les nations, ont souvent creusé des fossés. Ces échecs sont des preuves tangibles que les efforts humains, sans l'appui du Tout-Puissant, sont voués à l'échec.

Le monde s'est éloigné de Dieu, pensant pouvoir prospérer grâce à ses propres forces. Mais, comme l'a dit Jésus, sans lui, aucun fruit ne peut être porté. Les stratégies humaines, qu'elles soient politiques, économiques ou sociales, échouent lamentablement lorsqu'elles ne reposent pas sur les principes divins. La réévaluation de la spiritualité et un retour à la foi sont des éléments essentiels pour construire un avenir meilleur.

c) *l'incapacité des solutions humaines et sataniques*

Dans un monde où les défis semblent s'accumuler à une vitesse alarmante, il est crucial de réfléchir sur l'incapacité des voies humaines et la cruauté des voies sataniques. Ce constat s'impose avec force, particulièrement face à une humanité à la recherche de solutions efficaces, mais perdue dans un dédale d'organisations perverses et d'illusions humanistes. Cet article explore l'échec des systèmes basés uniquement sur la volonté humaine, l'impact des chemins sataniques, et met en lumière la puissance rédemptrice de l'Évangile de Jésus-Christ.

d). *Les Limites de l'Humanisme et des Systèmes Mondiaux*

L'humanisme, tout comme les diverses sectes et pratiques occultes, a tenté de répondre aux grands enjeux de notre époque. Cependant, ces efforts se heurtent à des résultats désastreux. Comme l'indiquent les Écritures, *"Sans moi, vous ne pouvez rien faire"* (Jean 15 :5). Les bâtisseurs de ce monde ont abandonné le Seigneur, se tournant vers des solutions futiles. Les crises économiques, environnementales et sociales continuent de croître, révélant l'insuffisance des moyens humains pour offrir une véritable paix durable.

Les grands acteurs mondiaux investissent des ressources considérables dans des recherches militaires et technologiques, préparant des armes de destruction massive, témoignant ainsi d'une approche désespérée et destructrice. Cette tendance montre que la confiance placée dans des institutions humaines ou des idéologies politiques ne peut qu'accroître la perdition de l'humanité, exacerbant les tensions globales.

e).La Méchanceté du Monde et ses Conséquences

La méchanceté s'est installée dans nos sociétés, nourrie par un mode de vie qui bafoue les commandements divins. Ce cri d'alarme contre la déchéance de l'humanité est fort et clamorieux, et il pourrait bien provoquer la colère de Dieu. Bien que la richesse économique moderne puisse donner l'illusion d'un progrès, elle sert souvent de masque à des réalités plus sombres – celles de l'injustice, de la dégradation morale et de l'esprit de division.

Les systèmes sataniques, en particulier, exploitent cette situation pour manipuler les consciences et compromettre les valeurs fondamentales de l'amour et de la vérité. Le nouvel ordre mondial, avec sa quête de contrôle à travers la technologie, les micromodules et les implants, pose une question cruciale : sommes-nous prêts à sacrifier notre liberté et notre dignité sur l'autel d'une supposée sécurité ?

CHAPITRE II. VERITABLE SOLUTION

En réponse à ces défis majeurs, l'Évangile de Jésus-Christ émerge comme la seule solution viable. "Car je n'ai point honte de l'Évangile : c'est une puissance de Dieu pour le salut de quiconque croit" (Romains 1:16). C'est par la foi en Christ que l'humanité peut espérer un renouveau, une restauration des relations brisées entre Dieu et les hommes.

Le message évangélique promet guérison, paix et stabilité, transcendant les insuffisances des organisations humaines. En se soumettant à Dieu, le monde pourrait bénéficier de Sa grâce salvatrice, capable de transformer des vies et des sociétés. Les murs de division peuvent être abattus, et les cœurs endurcis peuvent être adoucis sous l'action puissante de Jésus-Christ

Face à l'incapacité des voies humaines, il est impératif d'entendre cet appel au retour à Dieu. L'humanité doit reconnaître ses péchés et se repentir pour espérer une délivrance. Aucun système ou pouvoir terrestre ne saura apporter la sérénité recherchée. Seule la repentance sincère et la soumission à l'autorité divine permettront de construire un monde meilleur.

«Je n'ai pas honte de l'évangile dit l'apôtre Paul: c'est une puissance de Dieu pour le salut de quiconque croit, du juif premièrement, puis du grec» Romains 1 verset 16.

CHAPITRE III. VISION DE L'EGLISE EN MATIERE D'EVANGELISATION

Face au déclin spectaculaire de l'évangélisation admirée Aujourd'hui, l'évangile de Jésus-Christ est froidement menacé d'extinction du vocabulaire chrétien à cause de la honte et du sommeil profond des enfants de Dieu. De plus, le refroidissement catastrophique de nombreux prédicateurs n'est plus à démontrer.

 En conséquence, l'organisation mondiale des campagnes d'évangélisation est très recherchée sur tous les continents du globe. Cette triste constatation justifie la construction de cet ouvrage pour inciter les communautés chrétiennes à prendre conscience des défi s de la prédication du message de la repentance envers Dieu.

Une forte mobilisation des assemblées locales serait la bienvenue pour réduire la diffusion des faux évangiles prônés par les agents de l'antéchrist. Sauver les nations de la perdition n'est pas un petit défi, face à une génération incrédule et très matérialiste.

L'Évangile de notre Seigneur traverse les frontières du monde avec de grandes persécutions et à travers l'histoire. Comme si cela ne suffisait pas, les faux prophètes mettent le comble de tout par la mise en scène de faux miracles pour égarer les populations.

Dans cette course, nous devons les avertir pour ces écarts. La pleine restauration du message glorieux de l'évangile est formellement souhaitée pour attirer l'attention du public sur son caractère éminent. La prédication de l'évangile inclut diverses bénédictions pour ceux qui évangélisent avec des motifs purs et réalistes.

- Compte tenu du caractère obligatoire de l'ordre missionnaire du Christ,

 - Compte tenu des champs matures pour la récolte,

- Et l'augmentation des statistiques démographiques impliquant une mortalité ambiante des âmes sans le Christ.

L'urgence de trouver et de recruter davantage de prédicateurs devient un impératif majeur. Cependant, Dieu est très préoccupé par la négligence de ses serviteurs et meurtri par une profonde tristesse de voir l'humanité diriger son destin vers un avenir incertain.

En effet, les conséquences du manque d'évangélisation sont très frappantes, sinon très graves. La responsabilité incombera aux églises, aux chrétiens et aux hommes de Dieu qui ont ignoré son caractère contraignant.

Dans tous les cas, l'auteur a pensé que cet enseignement pouvait être le vôtre et que vous devriez vous dépêcher de l'utiliser pour accomplir votre devoir chrétien. C'est pour cette préoccupation que ce livre a été écrit pour susciter l'intérêt du corps de Christ du monde.

Chers lecteurs, ceci est un message destiné à renforcer votre désir de conquérir les hommes pour la vie éternelle.

1. *Historicité de l'évangile*

La prophétie relative à la venue de Dieu « *Ils coupèrent la tête de Saül, et enlevèrent ses armes. Puis ils firent annoncer ces bonnes nouvelles par tout le pays des Philistins dans les maisons de leurs idoles et parmi le peuple* » 1 Samuel 31 : 9.

Le terme évangile dans la version grecque de l'Ancien Testament appelé version des Septante a eu pour signification Bonne Nouvelle de Victoire telle que remportée sur Saul par les Philistins.

Ce terme évangile a progressé comme spécifié dans la prophétie d'Esaïe le prophète en ces mots ; *« Monte sur une haute montagne, Sion, pour publier la bonne nouvelle ; Élève avec force ta voix, Jérusalem, pour publier la bonne nouvelle ; Élève ta voix, ne crains rien, mais, dis aux villes de Judas : Voici ton Roi vient avec puissance, et de son bras il commande ; Voici, le salaire est avec lui, Et les rétributions le précèdent »* Ésaïe 40 :9.

Le terme évangile en grec est un vieux mot longtemps employé dans la Grèce ancienne avant l'apparition du christianisme. Il en était doté d'au moins de deux significations prophétiques avant de devenir un terme chrétien.

- La venue de Dieu lui-même sur la terre.

- La récompense qui a été donnée aux messagers de la bonne nouvelle.

La prophétie concernant la venue de Dieu en Israël était sourcée d'espérance pour un peuple meurtri et abusé par des coutumes païennes. Tous les Juifs soupiraient vraiment avoir leur liberté.

La sensibilité de la prophétie d'Esaïe en ce qui concerne les temps messianiques annoncés par le Seigneur permit à tout Jérusalem de répandre la nouvelle en criant et en sautant de joie, réconfortant ses habitants en leur disant une fois de plus que : « *Voici, ton roi vient !»*

Ce fut alors une consolation débordante pour les villes de Juda. Notre intérêt ici était de considérer comment la bonne nouvelle de l'avènement de Dieu en Israël n'avait souffert d'aucun égoïsme, ni de confiscation comme de nos jours. La nécessité de l'étendre sur les hauts sommets, dans les palais des rois et sur l'étendue du peuple du pays était de première importance.

Si, par le passé, la bonne nouvelle avait été source de grandes motivations, à quel prix la bonne nouvelle de Jésus-Christ ne devrait-elle pas faire l'objet d'une plus large diffusion dans cette société de technologie avancée

2. *Bonne nouvelle de Jésus-Christ*

« Car Dieu a tant aimé le monde qu'il a donné son Fils unique, afin que quiconque croit en lui ne périsse pas, mais ait la vie éternelle » Jean 3 verset 16.

La bonne nouvelle de l'Évangile est qu'il y a plus de deux mille vingt ans, Christ a payé la rançon de l'humanité par sa mort triomphante sur la croix. En un mot, il avait tout accompli en subissant une mort injuste pour tous. *« Quand Jésus a pris le vinaigre, il a dit :»* C'est fini. *« Et s'inclinant, il abandonna l'esprit »* Jean 19 verset 30.

En effet, aucun travail conforme à la loi n'est plus nécessaire pour avoir le salut, sauf pour croire à la perfection de son sacrifice à la croix.

Cependant, après une évaluation sérieuse de l'attitude froide du monde, Dieu s'est vu préoccupé à nouveau à cause de son incrédulité et s'inquiète des moyens supplémentaires pour persuader ce monde de croire en son Fils qui a déjà mis fin au sacerdoce Lévitique.

« Le Christ, qui s'est offert une fois de porter les péchés de beaucoup, apparaîtra une seconde fois sans péché à ceux qui l'attendent pour leur salut » Hébreux 9 verset 28.

Une bonne raison de plus à mettre fin à nos péchés et attendre son retour dans la sainteté. Jésus ne supportera plus une seconde fois la douleur de nos péchés. Il n'est plus question de nous laisser entraîner par de faux prophètes, ou pour tout autre raison.

Jésus a fait tout ce qui était nécessaire pour le salut du monde. Son sacrifice sur la croix est plus que suffisant. Une évidence qui justifie le bien-fondé de la proclamation de la bonne nouvelle.

Laquelle diffère de la pratique des œuvres de la loi en Moïse et des religions traditionnelles. Combien il nous importe de se rappeler des châtiments divins du temps de Noé où la méchanceté s'était intensifiée sur la terre.

Cette génération doit se laisser avertir par les précédents pour en éviter le pire. En fait, le monde ancien avait été inondé par le déluge et Sodome et Gomorrhe furent exterminés par l'incendie. Mais pour ces derniers jours, Jésus prédit ;

« Une grande détresse telle qu'il n'y a jamais eu de semblable depuis la création » Matthieu chapitre 24 verset 21. *« Par la même parole, les cieux et la terre d'aujourd'hui sont gardés et réservés au feu, au jour du jugement et de la ruine des hommes impies »* 2 Pierre 3 verset7.

Concernant le processus menant à la rédemption du monde, *« Dieu était en Christ, réconciliant le monde avec lui-même, sans imputer leurs offenses, et il nous a donné la parole de réconciliation »*

C'est à cet égard que, selon le passage de l'Évangile de Luc 4 verset 18. Les pauvres, les captifs, les opprimés, les aveugles, les estropiés, les paralytiques, bénéficient de l'offre divine sans une moindre compensation. Selon la loi de Moïse, personne ne pouvait être favorisé devant la loi en cas d'une seule transgression. Mais aujourd'hui, disons merci à la grâce que Jésus donne aux gens pour se repentir et d'être pardonnés de leurs péchés.

Cet arrangement est génial en Christ par rapport à Moïse. La loi n'était pas tolérante et ne peut en affranchir Israël de la servitude. La loi incrimine le coupable et le juge sans lui donner un rebond. Digne de mort est celui qui n'observe pas tous les commandements.

Or, qui est suffisant de les pratiquer à la lettre sans broncher ? Au contraire, vingt-trois mille Israélites ont succombé à chaque au désert durant près de 40 ans. Avec l'évangile, les conditions du salut sont allégées par l'effet de l'amour de Dieu qui vint améliorer les données relatives à la tolérance face au jugement de Dieu.

C'est pour cela que la bonne nouvelle de Jésus est très merveilleuse pour chaque individu et de son destin dans les termes ; *« Celui, ou bien quiconque croit au Fils de Dieu. « Je vous le dis encore, celui qui écoute ma parole et croit en celui qui m'a envoyé à la vie éternelle et ne vient plus en jugement, mais il est passé de la mort à la vie »* Jean 5 verset 24.

Le salut n'est présentement possible que par Jésus-Christ, qui est le modèle parfait vis à vis des commandements de Dieu. Ceux qui lui font confiance seront sauvés en son nom.

Ces dispositions nous permettent de pénétrer la dimension incontournable de l'Évangile en ce qui concerne la sanctification, la rédemption, la justification et le pardon des péchés. Ceux qui reçoivent Jésus personnellement ont une expérience légitime. Un témoignage qu'aucun démon de l'enfer ne peut envahir pour éteindre. Plus de peur, d'inquiétude et de panique en ce qui concerne la mort et la condamnation de la loi alléluia ! Amen.

3 Le rôle des esclaves dans l'évangélisation

Le mot évangile n'a pas une longue histoire en dehors du Nouveau Testament, car le terme évangile est un terme qui était assez rarement utilisé en ces temps-là.

La tâche d'évangéliser était spécialement réservée aux esclaves. C'était à eux de porter l'évangile dans des circonstances particulières en publiant la victoire des hérauts.

Il en était donc clair que les rôles assignés aux esclaves soient clairement établis pour persuader tout enfant de Dieu aujourd'hui d'adopter le statut d'esclave avant de revendiquer une évangélisation pertinente en ce troisième millénaire.

Cette option nécessite soutien réfléchie par les églises locales en se référant au Christ qui nous portât ce magnifique évangile. La Bible stipule qu'il s'était fait esclave, serviteur, *« Homme de douleur, habitué à la souffrance »*. Ce terme est l'attribution du prophète Ésaïe.

Car, son abaissement volontaire revêt les caractéristiques d'un véritable esclave. Ceci est un fait, une image d'un homme brisé par la souffrance, lui pourtant, le Dieu de toute éternité.

Or, la particularité d'un esclave a le reflet de celui d'un prisonnier qui dépend du commandement d'un maître. Tout vrai serviteur de Dieu est donc invité à trouver son compte dans ces propos afin de restituer une consécration sublime avant de prétendre évangéliser comme souhaité par le Seigneur.

Respectivement, une véritable dépendance s'inspire d'une vision qui doit nous séparer impérativement de tout encombrement. Sinon, nos occupations témoigneront contre nous que nous ne sommes vraiment pas des esclaves mais, des maîtres.

Personne ne peut être une pas nécessité du service plein temps dans l'œuvre de Dieu est maintenant suffisante pour nous rendre disponibles à tous égards pour l'accomplissement de notre mandat.

Les apôtres qui nous ont aussi apporté l'Évangile, ont eu le temps de bien comprendre son importance, et se sont définis comme des esclaves du Christ ou encore moins, comme « ambassadeurs dans les chaînes ». Ephésiens 6 verset 20.

L'apôtre Paul, par exemple, avait été fait prisonnier du Christ, mais qu'en est-il de nous ? C'est un fait, une option qui nécessite la validation de notre compte à cet égard. « *J'étais faible avec les faibles pour gagner les faibles, avec les esclaves pour gagner les esclaves, j'ai tout fait pour les sauver* » 1Corinthiens, 9 versets 20 à 23.

CHAPITRES IV. LES CARFACTERISTIQUES DE L'EVANGILE

a. *Le plus beau message dans tous les âges.*

L'évangile est le plus beau message que tout homme a le plus urgemment besoin d'entendre. Il n'y a pas de comparaison entre lui et la variété de messages qui secoue le monde en ce moment avec un contenu traumatisant.

Aucun de ces discours ne peut se rivaliser à l'évangile de Christ en beauté, en gloire et en puissance. L'Évangile du salut est fondamentalement beau dans toute sa structure, sa forme et sa substance.

C'est la meilleure nouvelle qui nous vient Directement du royaume des cieux et accessible à tous les hommes sans le moindre détour. Même les insensés sont en mesure de saisir sa portée avant de se conformer à ses prescriptions.

Dieu a simplifié son évangile pour qu'il n'y ait personne qui en éprouve des doutes et des excuses pour ne pas y croire.

Ses paraboles, ses enseignements et ses conseils sont de simples compléments à la taille qui convient à toutes les personnalités du monde, sans nécessiter des interprétations particulières.

L'évangile fait partie intégrante de la sagesse infiniment variée de Dieu. Un trésor qui ne correspond pas aux aspirations du siècle où la folie des hommes est manifeste.

De plus, la bonne nouvelle n'inspire aucun doute dans ses propos. Et ce n'est même pas l'aboutissement d'un long processus patient et persévérant de l'imagination de l'homme. En clair, c'est la révélation de Dieu par Jésus-Christ.

Aucun homme, aucun intellectuel, aucune religion ne peut monopoliser l'Évangile. Malgré la sortie de certains prédicateurs qui sont à la course de vaines gloires.

Il est trop audacieux de dire que le mystère de l'Évangile procède des hommes habiles, si l'on considère ses origines les plus anciennes, la place de l'homme est incohérente.

C'est avant la création des mondes et des univers que cette puissance est jaillissante dans le Dieu vivant pour donner naissance à l'éternité. Croyez-le, c'est mystère or classe !

Il défie les conceptions morales, intellectuelles et littéraires de tous âges. L'Evangile est de loin supérieur au progrès scientifique et à l'évolution des univers.

Ce dynamique réanime les morts, opère les patients cancéreux sans anesthésie générale ou partielle et élimine la maladie sans laisser de trace sur la victime au moyen de la foi. C'est une démonstration incontestée des larges pouvoirs de Dieu pour le salut de quiconque croit.

Ce message n'a jamais puisé sa source chez un prédicateur même si celui-ci apparaît très éloquent ? Après la résurrection, les premiers croyants du Moyen Âge ont été les premiers bénéficiaires de cette approche dans son intégralité.

b. L'évangile un mystère.

Ne pas redécouvrir l'Évangile dans ce contexte pourrait considérablement affaiblir notre foi et notre engouement spirituel face aux progrès scientifiques et technologiques de cette génération et continuer à naviguer dans de nombreuses illusions.

L'Évangile de Jésus- Christ est beaucoup plus élevé, vous voyons-nous ? Un mystère hautement défini qui transcende les générations anciennes.

Inutile de dire que l'univers dans son ensemble se préoccupe de ses exploits depuis le commencement. Une simple raison qui pousse les hommes dans l'admiration et dans un culte profond.

Naturellement, l'Évangile influence le monde visible et invisible dans une harmonie qui force les vents et les grandes tempêtes à se soumettre sans hésitation. « Ces hommes s'étonnaient en disant :

Qui est cet homme auquel obéissent le vent et la mer ? Matthieu 8 verset. C'est vraiment un sujet extraordinaire, un pouvoir qui s'étend dans tous les siècles et qui se découvre de jour en jour par un contenu qui expriment un personnage hautement suprême.

Oh, combien le Seigneur est beau et très merveilleux ! Il enrichit les chrétiens de vertus qui dépassent les rêves et qui révèlent tous les trésors de sa vie divine. Dieu nous a donné le privilège de les acquérir par la foi. Enfin, nous réalisons de fond en comble que sans l'Évangile, nous sommes loin d'avoir la vie et que ce monde serait voué à la perdition.

En effet, la redécouverte de l'Évangile nous permet de trouver un contenu digne d'adorer et de glorifier le grand Dieu de l'univers dans son ensemble. Toute l'église s'en souviendra aussi longtemps que le mystère de la rédemption de notre corps et de notre esprit se poursuivra jusqu'à l'apparition de Jésus-Christ. Nous disons à Dieu un vibrant merci pour ce cadeau inestimable.

c. *L'Évangile est unique*

Saviez-vous que l'Évangile n'a pas d'équivalent sur terre ? Aucun message de ce type ne peut le rivaliser. L'apôtre Paul déclare à cet égard que «si quelqu'un proclame un autre évangile en dehors de celui qu'il a annoncé, qu'il soit anathème », Galates 1, versets 8-9.

L'évangile de Jésus-Christ est unique par ce qu'il vient du Dieu unique qui nous a été transmis par son Fils unique.

L'évangile est fondamentalement unique parmi tant de discours qui secouent la planète en ce moment. Il n'y a pas de meilleur endroit que dans l'Évangile. Tel est le message ultime du Seigneur pour cette génération. Aucun autre message ne prévaudra plus jamais contre28 l'évangile avant la fin de ce monde. Si l'évangile est rejeté aujourd'hui, le monde le sera aussi pour toujours.

d. L'Evangile est un appel

C'est un appel dramatique et à la fois historique, parce que la prédication de l'Évangile est constituée d'un appel fantastique et persuasif qui accélère une grande question d'urgence.

« Aujourd'hui, si vous entendez sa voix, n'endurcissez pas vos cœurs. «Dès le commencement, Dieu vous a choisi pour le Salut, par la sanctification de l'Esprit de notre Seigneur Jésus-Christ» Hébreux 3 verset 7- 2. Thessaloniciens 2 verset 4.

Alors, tendez vos mains vers ce monde chaque jour qui passe en invitant tous les hommes à faire la paix avec Dieu avant qu'il ne soit trop tard. Cet appel est que les prédicateurs aient la

Possibilité d'inviter directement les auditeurs à se hâter de donner leur vie au Seigneur face à l'opportunité de se sauver en concluant que demain pourrait être trop tard.

e. L'Évangile est le pain qui donne la vie

1) L'ordre de partager l'évangile

« Le Seigneur a ordonné à ceux qui proclament l'Évangile de vivre de l'Évangile » 1Corinthiens chapitre 9 verset 14 « Jésus leur dit: Ma nourriture est de faire la volonté de celui qui m'a envoyé et de faire son œuvre Jean chapitre 4 versets 34.

La recommandation du Seigneur est que l'Évangile revitalise ses promoteurs. La consistance d'un prédicateur dépend de cette garantie. Dieu croit que la vie peut exploser en chaque chrétien qui a le privilège de consommer sa parole avant de la transmettre aux autres. Pour cela vous voyez que Jésus lui-même se nourrissait abondamment de l'Évangile au cours de son ministère. *« J'ai à manger une nourriture que vous ne connaissez pas »*.

Sachons que toute la volonté de Dieu est condensée dans la moisson des âmes perdues. Ceci est une nourriture à redécouvrir encore et encore aujourd'hui. Si nous n'agissons pas ainsi pendant qu'il fait jour, nous le regretterons et ressentirons davantage le désir de commettre les péchés et de mourir spirituellement.

Nous devons tenir compte de ces mots et envisager une réforme parfaite. De plus, nous ne devons pas nous limiter à apprécier l'Évangile sans l'annoncer, le produit sera dépassé et affectera notre entendement spirituel. La familiarité s'établira progressivement en nous et affaiblira notre engouement évangélique.

Tant de chrétiens ont perdu leur zèle pour cette raison qu'ils ne veulent plus rien entendre.

C'est ce qui justifie les absences aux réunions hebdomadaires de culte et d'édification. Nos pères israélites sous Moïse ont mangé de la manne seuls au désert et tous étaient morts. Jean chapitre 6 verset 49.

Fort de cette illustration, l'Évangile est un message hostile à la confiscation. La manne collectée par les fils d'Israël ne devait pas être conservée plus d'une journée au risque de se corrompre.

De même, la bonne nouvelle doit être relayée aux gens dès que possible. Il est idéal pour les consommateurs de manger du pain chaud. Mais quand celui-ci durcit, les clients manquent d'appétit.

Avec cet exemple, le Seigneur nous met en garde contre la confiscation de son évangile, et pour éviter tout désagrément, nous devons retransmettre sa parole à qui de droit avant le temps. De nombreuses églises ne vivent plus à cause de leur refus d'évangéliser.

Leurs funérailles auront bientôt lieu en enfer. *« Vous qui dormez, réveillez-vous des morts et le Christ vous éclairera » sur* le devoir évangélique, car votre propre survie en dépend.

    f. L'ordre de vivre selon l'Évangile.

«Reste dans cette maison, mangeant et buvant ce que tu recevras, car l'ouvrier mérite son salaire. N'allez pas de maison en maison » Luc chapitre 10 verset 7.

Ainsi, il est convenu de ne vivre que de l'Évangile pour expérimenter la gloire de Dieu. Ceux qui annoncent la bonne nouvelle en sont soutenus et ne peuvent se compromettre tout de suite.

 Le Seigneur a demandé que les porteurs de l'Évangile soient bien pris en charge par des particuliers. « Restez dans cette maison en mangeant et en buvant ce que vous recevrez, car le travailleur mérite son salaire ».

Les bureaux locaux d'évangélisation ont tout intérêt à organiser une assistance aux porteurs de l'Évangile comme motivation. Naturellement, leurs besoins s'articulent autour de trois axes principaux : l'habillement, la nutrition et les voyages missionnaires. Leur soutien est essentiel pour les empêcher de revendiquer leurs droits de prédicateur et en créer un obstacle majeur à la promotion de l'Évangile.33

CHAPITRE V. ATTRIBUTIONS DU MESSAGE

a) Bonne nouvelle de la vérité.

b) Bonne nouvelle de l'espérance

c) Bonne nouvelle de la paix.

d) Bonne nouvelle de la joie.

e) Bonne nouvelle du Christ ressuscité.

f) Bonne nouvelle d'immortalité.

a) Bonne nouvelle de la vérité

L'évangile est basé sur la vérité. Chacun de nous devrait être fière de bâtir sa foi avec confiance. Le fondement du salut n'est rien d'autre que la vérité. Elle n'est pas un homme et ne prétend pas être une église particulière.

La vérité, c'est Christ, encore moins sa parole36 telle qu'elle est spécifiée dans Colossiens1 verset 15 ». *« Si vous demeurez dans ma parole, vous êtes vraiment mes disciples ; vous connaîtrez la vérité et la vérité vous affranchira3 Jean 8 verset 31.*

Il n'y a pas de complexe dans la parole de l'évangile de ce qu'elle est le oui et l'amen qu'il est impossible que Dieu mente. Par lui nous sommes rassurés de ses promesses les plus riches à tous les niveaux. Ses paroles sont sans aucun

Doute inspirante. Le mensonge vient du diable qui est le Père du mensonge. Satan trompe ses sujets en leur donnant de faux espoirs. La vérité qui nous libère de tout fardeau vient des paroles de Christ. En réalité, les religions païennes de ce monde, les marabouts, les charlatans ne disent pas la vérité, seul Jésus est garant de la vérité qui assure une espérance qui ne flotte pas.

b) Bonne nouvelle d'espérance

Malgré la bonne rhétorique politique de cette époque, le monde connaît néanmoins des perturbations ambitieuses en ces temps de crises généralisées. La foi est une vertu selon laquelle les hérauts chrétiens ne manquaient pas de privilèges divins.

Le Père Abraham en est témoin. Le manque de foi est catastrophique pour les croyants. C'est elle qui est responsable du nombre impressionnant d'impies, athées et abominables. Cette classe sociale ne croit ni en Dieu, ni du diable, ni du ciel, ni de l'enfer.

Car les progrès de la science et du développement technologique étouffent et affectent la vie chrétienne.

Le principe de la marche par la vue enrichit les incrédules de grandes incertitudes. Cependant, le Christ recommande à tous une dimension de la foi inspirée des promesses divines. *« Heureux ceux qui n'ont pas vu, mais qui ont cru cela en même temps»* Jean 20 verset 29.

Le manque de foi déshonore Dieu et ne peut fournir aucune assurance. L'incrédulité est donc la manifestation d'un principe réfractaire contre Dieu. Le Seigneur ne peut pas opérer avec les incroyants. «Sans foi, il est impossible de lui plaire» Hébreux 11 verset 6.

Nous devons améliorer notre confiance en Dieu en tout. L'or et l'argent ne suffisent pas pour combler nos besoins en totalité. La foi , en effet, dispose des moyens sûrs pour surmonter le désespoir et le suicide. Parce que, avec désespoir, la vie s'arrête.

La Bible « *nous enseigne que l'espérance nourrit le cœur des pauvres»* Proverbes 13 verset 12.

L'incertitude quant à l'avenir afflige les jeunes et de nombreux adultes confrontés aux multiples défis. Les conséquences du manque de foi constituent une grande menace pour la vie chrétienne normale.

Ceux qui souffrent de dépression succombent au suicide à mesure que la pression augmente. L'évangile du Christ est une source de grande espérance. Il brise les chaînes de la dépression et de la mélancolie pour un avenir glorieux.

c) Bonne nouvelle de paix

Aujourd'hui, le monde entier se caractérise par une monstrueuse instabilité de 33,77% résultant d'une succession de crises et de conflits sans fin, de bouleversements sociaux et familiaux.

En effet, les couches sociales concernées sont soumises à l'expérience quotidienne d'une approche journalistique et informative de la situation socio-sécuritaire des pays du tiers monde.

L'insécurité monétaire, économique et financière ébranle de nombreux opérateurs économiques. La menace d'une éventuelle dévaluation, la chute catastrophique des coûts des matières premières entraîne la multitude loin des voies de Dieu.

Cet environnement rend le sommeil difficile pour les acteurs du développement durable. Plusieurs entreprises ont fermé leurs commerces et les employés se retirent dans le village.

Sans parler des déplacées de la guerre civile ayant forcée de nombreuses personnes à chercher refuge en dehors de leur pays.

Chaque jour, nous entendons parler de soulèvements, de traite d'enfants, de viols et de toutes sortes de tragédies qui détruisent les ménages et rompent les relations conjugales.

Le phénomène des divorces et des remariages est à la une des sociétés modernes. Nos instances judiciaires sont pleines d'accusés et de plaignants pour diverses causes.

Paradoxalement, la paix a disparu de l'échelle sociale, à l'échelle internationale. Plus que jamais, nous avons besoin de paix. Beaucoup disent non à la guerre, et ne sont pas prêts à arrêter les hostilités ».

La paix est un besoin universel pour tous les peuples en ces temps de turbulences.

Conscient de ses vertus, elle est l'élément essentiel du développement d'efforts pour la trouver et, personne, sauf par l'Évangile, ne peut le saisir par hasard. Avec la guerre, la vie s'arrête et le chaos s'installe.

En réalité, la paix est le plus grand cadeau de Dieu à cette humanité. C'est un bien précieux que Dieu nous a donné. La mission du Seigneur était d'apporter la paix entre les hommes en détruisant l'inimitié. Dans Jean chapitre 14 verset 27,

Jésus nous donne la vraie paix, pas comme le monde. À tel point qu'il est souhaitable de l'approcher et de recevoir ses instructions pour accéder au rêve de paix de nos âmes.

b) Bonne nouvelle de la joie

L'évangile de Jésus-Christ est une bonne nouvelle pour ce monde. La joie du salut est essentielle pour ses enfants.

Les mauvaises nouvelles qui affluent dans ce monde sont responsables de l'escalade du stress et de l'angoisse parmi les nations. Les maux qui en résultent sont hautement déplorables.

La bonne nouvelle de Christ est la réponse formidable de Dieu au monde des hommes. Les habitants de ce siècle sont malheureux.

Les effets dominants du péché ont envenimé notre relation vitale avec le Seigneur. Les joies humaines ont été engloutie dans les deuils et les détresses. La chute du diable vint aussi empirer les crises sociales par une succession de malheurs et de tensions qu'on ne peut mesurer.

Fort des précédents, un ange s'écria : « *Malheur à la terre et à la mer ! Parce que le diable est descendu vers vous avec une grande colère, sachant qu'il n'a que peu de temps* » Apocalypse 12 versets 12.

En conséquence, le monde se trouve aujourd'hui dans un tourbillon de menaces et de peur. Il n'est pas possible de décrire cette situation avec la longueur d'homme.

Sans aucun doute, nous en sommes confrontés à une expérience lugubre et atroce qu'aucune génération ne pourrait surmonter. Franchement, la bonne nouvelle de la joie du salut est la bienvenue au monde, là même où des foyers de tensions interminables contre ses habitants du monde.

Une situation selon laquelle la société est tendue à un rythme régi par les sautes d'humeur et d'angoisse.

« *Chaque jour du malheureux est mauvais, mais le cœur content est une fête perpétuelle* ». Proverbes 15 verset 15.

Dans ces conditions, personne ne peut prospérer dans un climat aussi tendu et agressif. Une raison qui a nécessité les interventions divines à la croix pour sauver la nature humaine de cette impasse.

Sans son sacrifice divin, aucun locataire du monde ne pourrait jamais espérer aux joies du salut. Le royaume céleste est configuré pour une vie de paix et de joie par le Saint-Esprit.

c) *Où allons-nous trouver cette joie ?*

En fait, le pardon et la paix avec Dieu constituent une réponse étonnante de Christ sur ce plan.

En relisant les Psaumes de David, nous redécouvrons que la cause de nos joies brisées remonte depuis la chute d'Éden. Pour retrouver le chemin du bonheur, il nous importe de faire la paix avec Dieu par l'entremise du sang de la nouvelle alliance.

« Béni soit celui à qui la transgression est remise, à qui le péché est pardonné».

Ainsi, le pardon de Dieu permet de retrouver la vie pour nos âmes. Il s'agit ici d'une condition irréfutable. Psaumes 32 verset 1. Si nos péchés demeurent en tant que tels, eh bien, notre esprit est sous le poids de la culpabilité et du jugement.

 Ce poids empêche que nos âmes abordent les sanctuaires de la vie.

En revanche, le pardon de Dieu affranchit nos consciences pour un bonheur sans égal aux joies du siècle. Les plaisirs charnels, les drogues, la sexualité, la richesse et les liqueurs fortes ne procurent pas des joies escomptées. Vous pouvez manger, boire, danser ou même posséder d'excellents biens sans vraiment vivre pleinement votre vie.

Veuillez croire et recevoir la bonne nouvelle de la joie dès ce jour afin que Dieu vous comble de sa plénitude. Quant à David et son péché, il est inutile pour nous de pécher sciemment et se confesser bien après.

«Tant que je me suis tue, (dit David), mes os se consumaient. Je gémissais toute la journée ; Parce que nuit et jour ta main s'appesantissait sur moi, et ma vigueur n'était plus que sécheresse, comme celle de l'été. Je t'ai fait connaître mon péché, je n'ai pas

caché mon iniquité ; J'ai dit, je confesserai mes transgressions au Seigneur ! Et tu as effacé la peine de mon péché ».

David avait perdu son estime et la joie pour son salut à cause de l'immoralité. La joie et le salut sont des biens précieux à préserver avec soin. Le roi réalisa enfin la gravité de ses fautes et réclama la restitution de tout ce qu'il avait perdu. *« Ô Dieu, rends-moi la joie de ton salut»* Psaume 51 verset 14.

Il n'y a aucun avantage à succomber dans le péché. Car le salaire du péché est la mort. Il nous convient de renoncer au péché en priant Dieu continuellement pour la délivrance.

L'apôtre Paul nous encourage à se réjouir plutôt dans le Seigneur et non dans les plaisirs charnels. Seule la vraie connaissance du salut en Christ et de son pardon nous procurent des joies incroyables.

Malheureusement, de nombreux chrétiens ne la manifestent pas comme souhaité par l'Évangile. Cet échec ne peut pas être justifié ni érigé en règle chrétienne.

Dieu nous ayant libérés des joies et des soucis mondaines pour remplir nos âmes de sa présence. Et quoi vous en semble, ce privilège est-il négligeable ? Mais non, *« Je vous ai dis ces choses pour que vous ayez ma joie parfaite en vous »,* a martelé le Seigneur pour nous voir vivre heureux. Jean chapitre 16 verset 24.

Notre satisfaction doit être visible à tous égards. Une raison qui pousse les chrétiens à témoigner du Christ au milieu de cette génération en mal de joie.

d) Bonne nouvelle du Christ ressuscité

Il n'est pas ici comme il l'a annoncé plus tôt ; *«Il est ressuscité, comme il l'avait annoncé, venez et voyez l'endroit où il était couché» et allez promptement dire à ses disciples qu'il est ressuscité des morts »*. Matthieu chapitre 28 versets 6 à 7.

Nous n'adorons pas un héraut mort, mais le meilleur de tous, Jésus-Christ qui est le Sauveur merveilleux.

Il est celui que nous prêchons et présentons aux hommes comme mort et ressuscité pour notre justification aux yeux de Dieu.

Grâce à sa résurrection, le fondement du christianisme est validé et assuré. Une preuve certaine que son sacrifice au Mont Calvaire avait été agrée par Dieu. Sans lequel, il n'y aurait aucune possibilité d'être pardonné.

C'est la résurrection de Christ d'entre les morts qui distingue le christianisme des religions païennes. Mais, le sujet qui brise nos cœurs est que les hommes ont fini par faire du christianisme, une religion morte, un repaire de prostituées, de délinquants et de criminels.

Fondamentalement, le christianisme n'est pas un regroupement religieux des gens sans loi ni foi en Dieu, mais un témoignage inégalé de46 la de l'action rédemptrice de la puissance de Dieu dans la vie des gens régénérés.

e) Bonne nouvelle de l'immortalité

1. Le règne dominant de la mort.

«Comme par un seul homme le péché est entré dans le monde, et par le péché la mort, et ainsi la mort s'est répandue sur tous les hommes, parce que tous ont péché et se sont privés de la gloire de Dieu» Romains 5 verset 12, et Romains 3 verset 23.

« J'étais mort; et voici, je suis vivant à travers les âges. Je détiens les clés de la mort et du monde des morts » Apocalypse 1 verset 18.

Aucun prophète n'avait jamais fait une telle déclaration. Mais, les pharisiens chuchotaient entre eux, pensant que les paroles du Seigneur étaient délirantes. Par ailleurs, les Sadducéens niaient la résurrection des morts pour leur compte.

Malgré tout cela, Jésus s'affirme être la vie éternelle, et qu'il peut l'offrir gratuitement à qui il veut, et faire mourir qui il veut comme il veut, et quand il veut. Peu importe nos pleurs et lamentations.

Notre première importance est de croire en sa parole en se fondant sur ses promesses. La foi en la résurrection des morts est particulière est source d'espérance abondante du fait que la mort ne définit aucun sens de notre existence terrestre.

À quoi bon de douter du Christ face aux preuves certaines de sa résurrection. Il est absurde de se comporter comme les pharisiens et les sadducéens cités plus haut sur cette question. La mort est responsable de tant de malheurs et d'afflictions pour des veuves et des orphelins qui restent sans aucune consolation après sa frappe de choc.

La mort fait grandement battre nos cœurs face aux faits tragiques et spectaculaires qu'elle démontre chaque jour dans cette société. Ni la religion universelle, ni la science médicale, ni l'expertise des professionnels de la médecine moderne ne peuvent l'éviter aux hommes. C'est un fait regrettable.

Seule la foi en Christ, mort et ressuscité nous suffit pour en échapper. Il n'y a pas de plus grande erreur que de nier l'espérance de la vie éternelle contenu dans la résurrection des morts que Jésus promet aux croyants au dernier jour. Etant vu que

Jésus n'est pas seulement la vie, mais la résurrection ! Autant, accepter cet évènement pour en faire un choix décisif avant de mourir. Du choix de chacun ici bas dépendra l'éternité souhaitée en conséquence. Car, après cette vie, il sera trop tard pour en décider de nos lendemains. Chers amis, nous vous mettons au défi et vous invitons à croire au Seigneur Jésus pour avoir l'assurance d'une résurrection glorieuse au dernier jour pour la vie éternelle avec lui au paradis.

2. *La pensée de l'éternité.*

«Dieu a fait toutes choses bonnes en son temps; et même, il a mis la pensée de l'éternité dans leur cœur, bien que l'homme ne puisse pas bien saisir l'œuvre que Dieu fait du commencement à la fin » Ecclésiaste chapitre 3 verset 11.

L'homme est le seul être vivant qui sache clairement qu'il mourra un jour. Ce fut alors exprès que Dieu lui avait donné la pensée de l'éternité pour éveiller pleinement sa conscience.

Naturellement, c'est une pensée qui ne périra jamais même après cette vie. Malgré sa perspicacité, les hommes ne se laissent pas harmoniser avec cette pensée pour prendre leur destin au sérieux.

Bien au contraire, ils continuent à noyer leur cœur dans des illusions. La pensée de l'éternité est une dotation vitale, aussi vraie de reconnaître que Dieu lui-même est immortel. Aucun ange au ciel, aucun démon en enfer et aucun animal des champs ne dispose de cette merveilleuse pensée.

C'est ce qui fait la particularité de la création de l'homme. Celui-ci occupe sa place de choix dans cet univers.

Pour cette raison, il est dans son intérêt d'abandonner ses positions trompeuses du monde et glorifier son créateur. Ce siècle est configuré par un mode de vie éphémère selon lequel les hommes se comportent comme des animaux.

Ils ont brouillé cette pensée de l'éternité par rapport aux choses de l'Esprit de vie, en bref, ils ne pensent plus désormais qu'aux choses de la terre sans se soucier de connaître Dieu. C'est pourquoi la vision de l'éternité leur échappe face à une situation douloureuse qui ne peut être nuancée.

En réalité, le temps qui nous est alloué dans ce monde devrait être utilisé pour l'acquisition d'une vision pertinente de l'éternité.

Aussi par ce que la mort est un pont vers l'éternité, Nous devons nous assurer à être prêts à déloger du monde en toute fierté et en toute circonstance.

Aucune éternité n'est pas possible sur terre, même si la tendance collective entend s'éterniser dans le monde. Néanmoins, la certitude de disparaître d'un moment à l'autre est prévisible. Car après la mort, le retour à la vie ne sera plus négociable.

D'où l'urgence d'un changement d'avis pour bien se positionner avant de mourir. Chaque homme devrait cesser de vivre dans un bain macabre d'illusions, pour saper correctement ses pensées avec une vision perspicace d'hériter la vie éternelle.

C'est ce qui nous importe en ce moment. Il est inutile de gagner les biens terrestres et perdre son salut. Soyons assez raisonnables ! La notion du temps du monde diffère des réalités de l'éternité.

Le monde à venir n'est pas régi d'un certain calendrier des jours, mois et années. Nous devons bien y songer et nous armer à échapper aux pires humiliations d'une éternité ratée et sans Dieu. La souffrance prendra immédiatement effet après la mort clinique.

Notre vie sur terre est courte et fixée à une date donnée sachant que tout « homme né de femme ne se prolongera pas. Faisons vraiment très attention pour ne pas risquer une fin regrettable et méprisable.

L'éternité n'est pas une question de mille années civiles, mais une question relative à un espace de temps que personne ne peut mathématiquement évaluer. *« Vous qui ne savez pas ce qui se passera demain ! Vous êtes une vapeur qui apparaît brièvement, puis disparaîtra »,* Jean 4 verset 14.

La bonne nouvelle de l'immortalité est une sonnette d'alarme bien conçues pour avertir ceux qui ne se doutent de rien et qui mènent joyeuse et brillante vie, malgré la pensée de l'éternité qui réside en eux. Une fois mort, aucun arrangement n'est plus possible.

La somme de tout le travail que Dieu fait pour les humains depuis le commencement est de chercher à les sauver des feux brûlants de l'enfer. Malheureusement, les mortels manquent de perception aux fins utiles parce qu'ils sont lents à comprendre.

À cette fin, nous devons approfondir notre foi en Jésus-Christ pour espérer vire avec lui dans une éternité glorieuse lorsqu'il reviendra dans son règne. Que le Seigneur nous aide vraiment à avoir part à la première résurrection, et que la seconde mort ne puisse avoir de pouvoir sur nos âmes.

Les effets accablants de la mort sur terre Saviez-vous que nos psychologues affirment que la mort est la source d'anxiété la plus courante au monde ? La souffrance, la maladie et la vieillesse en sont les principales conséquences.

Bien sûr, la mort fait écho d'une grande peur en tout être humain. La vie sur terre est fascinante pour tant de privilèges et de charmes qu'elle offre à la composante sociale.

C'est pour cette raison que l'idée de mourir est repoussée loin de la conscience collective. Dans l'ensemble, malgré tant de luttes, personne ne peut s'en passer. Cela équivaut à un sujet angoissant, surtout pour ceux qui pèchent et qui continuent à pervertir leurs voies devant Dieu.

Quel que soit le décor que lui attribue les services sociaux thanatologiques, la mort reste néanmoins impliquée dans sa laideur originelle. Aujourd'hui, son apparence tend aux couleurs de fête par le décor des pompes funèbres qui l'habillent de rose.

En tout cas, disons vraiment que la mort est mise à jour comme un événement de grande fierté où de nombreuses familles modernes en profitent pour des business et accroître leurs propres intérêts.

Au lieu de faire pleurer les mortels, car aujourd'hui, la mort fait écho de fortes réjouissances dans un contexte centré sur le mangé et le boire. Malgré tout ce folklore, elle continue ses ravages jusqu'aux confins du monde tout en étant toujours un événement scandaleux et malheureux depuis son apparition le monde entier est victime d'angoisse et d'une étrange précarité dont le décor funéraire ne pourrait désarmer sa course folle.

 Et ce n'est pas tout, car après la désintégration des illustres disparus, le jugement est au rendez-vous des victimes sans leur donner du rebond d'après (Hébreux 9 verset 27).

Ce n'est donc pas un plaisir de voir des gens mourir sans être pardonnés de leurs péchés. Selon les statistiques mondiales, 6 461 personnes meurent secondes après minutes dans le monde. Ces chiffres choquants révèlent l'ampleur des décès qui affectent la société aujourd'hui.

Il s'agit notamment des voisins, parents, amis et connaissances qui sont emportés par elle. Les familles directement impliquées sont contraintes de se séparer et de continuer sans leurs chers membres.

Une séparation qui correspond à un voyage sans retour. Derrière elle s'ensuivent angoisse et tristesse pour les veuves et les orphelins endeuillés et sans repos. C'est désastreux pour cette vie, car les effets néfastes de la mort nous laissent franchement à désirer.

À quoi sent-il de continuer à vivre sans la crainte de Dieu dans une telle aversion ? Nous mangeons, dormons et voyageons avec la mort sans réaliser sa profonde détermination de nous embarquer.

En fait, la mort manque de respect à diverses personnalités, quelle que soit la taille de leur statut social, toutes meurent sans exception et à tout âge. Hommes, femmes, jeunes adultes et nourrissons ; Pasteurs responsables, ministres d'État, gouverneurs, directeurs généraux, riches et pauvres, jeunes et vieux entre autres.

Ne perdez pas votre temps à vous soucier de votre vie terrestre, mais inquiétez-vous de celle qui à venir dans l'au-delà. Où passeras - tu l'éternité ? En enfer tourmenté par le diable, ou avec Dieu au paradis dans un bonheur sans fin ? Vous devriez y songer de toute urgence et y répondre avant de quitter la planète.

Votre décollage pourrait être aussi soudain que prévu, d'autant plus que vous ignorez votre jour et votre date. Ce, après quoi les médias en charge de l'information, diffuseront votre programme funéraire à la télévision et dans la presse.

Alors, méfiez-vous de cela et ne traitez pas votre sort à la légère. Le verdict divin concernant tous les hommes depuis Éden vous interpelle aussi sûrement.

Et maintenant, aviez-vous déjà trouvé une issue, ou plutôt un plan B qui vous aiderait à y échapper ? Personne ne peut faire appel après le jugement de Dieu. Ce qui reste à faire est de se soumettre à sa décision.

À cause de la mort, des milliers de générations ont disparu sans laisser de mémoire. La mort des précédents avertit les vivants qu'ils mourront eux aussi et qu'ils devraient se préparer à honorer ce terrible moment de leur existence.

4) *La mort est imprévisible*

Mais quand vous affrontera-t-elle ? Comment et dans quelles circonstances sera-t- il à l'honneur ? Ne devrait-elle pas attendre la célébration de votre mariage ou la fin de vos projets de construction avant de vous entraîner

Après ignore les paramètres sociaux, sentimentaux et familiaux. C'est aussi pourquoi le sentiment de la mort ne peut être partagé avec un tiers. A l'heure du départ, vous vous en allez sans avoir clôturé votre agenda comme souhaité.

Le reste des souvenirs vous fait regretter les années perdues dans le mangé et le boire et à la recherche des choses éphémères. Combien moins est-il est insupportable de pleurer pour ceux qui nous quittent soudainement et encore plus pour les morts dans la file d'attente.

Dans l'ensemble, la vérité sur la mort est clairement énoncée dans la bonne nouvelle de l'immortalité. Elle nous offre un aperçu significatif de l'au-delà et réaffirme que la mort n'est qu'un passage. L'humanité a tout intérêt à découvrir la misère de cette vie présente qui n'est que « **Vanité des vanités tout est vanité** ».

Il ne sert donc à rien de s'y accrocher sachant que notre projet commun est le retour à la poussière sans avoir joui du bonheur escompté.

Il ne s'agit plus du slogan du roi Salomon, mais de l'effet d'une observation triste et décevante, au regard des multitudes d'hommes qui quittent subitement leurs investissements et disparaissent à jamais dans le néant. À cette fin, comprenons que la mort est le point final de toute vie et de toute œuvre sur terre. C'est sur elle que tous les plans et toutes les ambitions seront brisés définitivement dans un tombeau funèbre.

5 La défaite des efforts humains.

Dans les coulisses des hôpitaux modernes, et sur toutes les plateformes sanitaires, la lutte contre la vieillesse, les maladies et les décès est très accélérée en raison du taux de mortalité globalement ambiant. L'espérance de vie diminue constamment et les conséquences ne sont pas surprenantes.

Il est important que nous prêtions attention au temps dont nous disposons pour en tirer le meilleur parti de notre jeunesse et voir à quel point notre vie humaine est fragile. « *Apprends-nous à bien compter nos jours, a dit le psalmiste, afin que nous appliquions notre cœur à la sagesse»* Psaume 90 verset 12.

La vie est préférable à la mort, d'autant plus que le désir des êtres vivants est de rester plus longtemps sur terre par peur de déloger fatalement. Face à la mort, la survie des êtres humains est confrontée à une lutte acharnée par des spécialistes de la médecine moderne qui espèrent trouver des solutions fiables aux grands problèmes de la vie, de la maladie et de la mort.

Malheureusement, leurs interventions liées aux nouvelles technologies des sciences médicales tournent autour d'un combat infructueux. La mort échappe aux soins médicaux et triomphe de la vie malgré tant d'efforts et d'investissements.

Dans cet ordre, la mort s'impose à tous les locataires du monde. Cependant, l'Évangile démontre la destruction fatale de l'aiguillon de la mort par la résurrection de Jésus-Christ. C'est un fait absolu, une grande victoire que notre dépendance au péché soit brisée à jamais.

C'est le message qui doit être prêché à une génération confrontée à l'escalade de l'épidémie mondiale de Coronavirus, une pandémie responsable de la mortalité ambiante et hors planète au 21e siècle. L'ampleur des décès qui en résultent dépasse l'imagination.

5. *La victoire du Christ sur la mort.*

Écoutons la signification du discours : l'Évangile est la bonne nouvelle de l'immortalité venant du Dieu immortel. Cela signifie qu'après avoir cru en l'Évangile du Christ, notre vie spirituelle est immortalisée à jamais et l'aiguillon de la mort perd son influence sur nos âmes. Jésus a immédiatement réitéré cette affirmation en précisant que *«si quelqu'un vit et croit en lui, il ne mourra jamais »* Jean 11 verset 26.

Il s'agit d'un message extra-merveilleux de la victoire suprême de Jésus-Christ sur l'étendue des morts. *«La mort a été engloutie dans la victoire »*, 1 Corinthiens, 15 versets 54 à 57.

Il est donc clair que l'Évangile résout véritablement toutes les questions relatives à l'éternité au-delà des limites du confort médical et scientifique. L'Évangile sécurise la vie humaine partout où elle est menacée.

Tel était le merveilleux plan du Seigneur avant tous les âges, c'est-à-dire avant l'entrée du péché et mis en lumière à la fin des temps, «par l'apparition du Seigneur et Sauveur Jésus-Christ, qui a détruit la mort et l'a ramenée à la vie et l'immortalité par l'Évangile 1Timothée chapitre 1 verset 16 ».

6. Mieux vaut mourir chrétien

Naturellement, un chrétien confronté à la mort physique n'est pas stressé par la peur car il connaît à l'avance sa destination sur la base des promesses du Christ et de sa résurrection qui constituent une source d'espoir considérable.

La bonne nouvelle de l'immortalité renforce le bonheur du chrétien après sa mort physique. Il ne connaîtra plus la seconde mort par ce qu'il est passé de la mort à la vie par le baptême d'eau et le Saint-Esprit.

C'est toute la différence des méchants quant à leur destination finale. Ils iront directement dans les habitations des morts pour être punis dans l'étang ardent de feu et de souffrance, à un moment où les chrétiens se réjouissent avec le Seigneur dans les cieux *« en vérité en vérité »,* répondit Jésus au brigand sur la croix, « aujourd'hui tu seras avec moi au paradis» Luc 23 verset 43.

Quel bonheur inestimable ; une transition vers la gloire, un changement de position en temps réel. L'Évangile offre de grands biens aux chrétiens après leur désintégration, aidés par un décret divin. *« Et j'ai entendu une voix du ciel dire : Écris : Heureux les morts qui meurent maintenant dans le Seigneur ! Oui, dit l'Esprit, afin qu'ils se reposent de leur travaux »* Apocalypse chapitre 14 verset 13.

CHAPITRES VII. ESPERANCE CHRETIENNE

Démonstration d'une Vie Après la Mort : Ce Que L'Evangile Nous Enseigne.

Avez-vous déjà réfléchi à ce qui se passe vraiment après que nous avons fermé les yeux pour la dernière fois ici sur Terre ? Que nous réservons l'autre côté ? Ces questions fondamentales hantent l'esprit de beaucoup et soulèvent des réflexions profondes sur la nature de la vie et de la mort. Selon une étude récente, environ 80 % de la population mondiale croit fermement en l'existence d'une vie après la mort et à l'immortalité de l'âme humaine. Mais que dire réellement les Écritures à ce sujet ? Plongeons ensemble dans la richesse des enseignements bibliques pour découvrir une vision réconfortante du monde au-delà.

1. Face aux Croyances Erronées

La croyance en la vie après la mort est universelle, mais elle varie énormément d'une culture à l'autre. Certains soutiennent que l'âme erre dans le néant, tandis que d'autres évoquent l'idée d'un purgatoire, un lieu de purification pour expier ses péchés avant d'atteindre enfin le paradis. D'autres croient encore à la réincarnation, un cycle sans fin où l'on revient sous différentes formes jusqu'à atteindre une forme d'illumination. Cependant, ces conceptions, bien qu'intéressantes, peuvent parfois être trompeuses.

Pour les chrétiens, la source ultime de vérité est la Bible, qui éclaire les mystères de la mort avec des promesses d'espérance. Analyses ensemble six faits fondamentaux sur ce qui se passe après la mort selon les Écritures, afin de mieux comprendre notre destin éternel.

2. *Le Retour de l'Esprit à Dieu*

Un des premiers enseignements bibliques nous affirme qu'après la mort, notre esprit retourne à Dieu. Alors que les récits populaires dépeignent des esprits errants cherchant à influencer les vivants, les Écritures offrent une vision différente et apaisante. Dans Ecclésiaste 12 :7, il est écrit : *« Et la poussière retourne à la terre comme elle l'était, et l'esprit retourne à Dieu qui l'a donné. »* Cela nous rappelle que la mort n'est pas la fin, mais plutôt un retour à notre Créateur.

3. *Les Morts N'Ont Plus Aucune Influence Sur les Vivants*

Une autre vérité cruciale est que les morts n'ont plus aucune capacité d'influence ni de communication avec les vivants. Dans Ecclésiaste 9 :5,6, il est dit que *« les morts n'auront plus jamais de part à rien de ce qui se passe sous le soleil ».* La séparation entre les vivants et les morts est définitive, comme illustrée par la parabole de Lazare et du Riche (Luc 16, 19-31), où Jésus souligne l'abîme infranchissable qui empêche tout contact. Ces enseignements visent à nous protéger des illusions et des rumeurs entourant la communication avec les morts.

4. *Entrée Immédiate Dans la Présence de Dieu*

Une des promesses les plus précieuses de la foi chrétienne est que lorsqu'un chrétien meurt, il entre immédiatement dans la présence de Jésus. Dans Luc 23 :43, lors de sa crucifixion, Jésus promet au voleur repentant *: « Aujourd'hui, vous serez avec moi au paradis. »* Ceci témoigne d'un état de bonheur et de repos immédiat après la mort. De même, Actes 7 révèle le commentaire d'Étienne, le premier martyr, a vu Jésus prêt à l'accueillir dans les précieux au moment de sa mort. Cette assurance apporte un immense réconfort à ceux qui suivent le Christ et attendent leur rencontre avec Lui.

5. *Le Sommeil Profond des Corps des Chrétiens*

Le mot « dormir » trouve une utilisation particulière dans la Bible pour décrire l'état des corps des croyants décédés. Dans Jean 11:11, Jésus se réfère à la mort de Lazare comme à un sommeil. Ce terme symbolique souligne que la mort physique des chrétiens n'est qu'un état temporaire, un sommeil en attendant la résurrection. Paul, dans 1 Thessaloniciens 4:13-14, confirme cette idée en disant que la mort n'est qu'un sommeil provisoire avant le retour glorieux de Jésus. Cette métaphore offre réconfort aux familles en deuil, leur rappelant que leurs êtres chers sont en paix avec le Seigneur.

6. *Réveil des Corps Lors du Retour de Jésus*

Enfin, les corps des chrétiens ne restent pas endormis pour toujours. La Bible nous assure qu'un jour glorieux, au son de la dernière trompette, les corps des défunts seront réveillés et transformés. Dans 1 Corinthiens 15:51-52, Paul explique : « Voici, je vous dis un mystère. Nous ne dormirons pas tous, mais nous serons tous transformés en un instant ». Cet événement incroyable représente une grande espérance chrétienne : la résurrection corporelle et l'incorruptibilité des croyants.

7. *Une Vie Après La Mort Remplie d'Espérance*

En somme, la question de savoir ce qui se passe après la mort est abordée avec clarté et assurance dans la Bible. Les croyances variées, bien qu'intrigantes, peuvent parfois conduire à des malentendus et des peurs. En tant que chrétiens, nous sommes invités à embrasser la réalité de l'amour de Dieu, qui nous appelle à une vie éternelle en Sa présence. La mort n'est pas une fin, mais plutôt le début d'une nouvelle vie, riche de promesses et d'espérances. Que cette vérité éclaire nos vies aujourd'hui, tout en nous préparant pour ce qui nous attend de l'autre côté.

En revenant à Dieu, nous revenons à la source même de la vie. Il fait tout nouveau et rétablit les fondations perdues. Même dans les temps les plus désespérés, la promesse de Dieu est immuable.

Conclusion

Face aux nombreux défis de ce monde, la réponse réside dans la réconciliation avec Jésus-Christ. Il est la solution irréversible, l'unique ressource capable de transformer les cœurs et d'instaurer une paix durable. Les citernes brisées de nos vies ne peuvent jamais remplacer le potentiel illimité de la présence divine. Au lieu de creuser pour des solutions éphémères, il est temps d'ouvrir notre cœur à Celui qui nous offre un salut éternel.

Lucas ZANGA LUCAS

Révérend Pasteur

Printed by Books on Demand GmbH, Norderstedt / Germany